CONTRE-PROJET

DE

CONSTITUTION

AVEC

EXPOSÉ DES MOTIFS

Par un Citoyen français.

Prix : 50 cent.

PARIS

LIBRAIRIE DE NAPOLÉON CHAIX ET Cie, RUE BERGÈRE, 8,

ET CHEZ TOUS LES LIBRAIRES.

1848.

CONTRE-PROJET

DE

CONSTITUTION.

Droits de l'Homme.

—

Une Assemblée.

—

Deux Consuls.

—

EXPOSÉ DES MOTIFS.

PREMIÈRE QUESTION.

En quoi consistent les droits de l'homme?

L'homme, dans l'état de notre moderne civilisation, tient à toutes choses, à la terre qu'il possède ou ne possède pas, au gouvernement qui le soutient ou le vexe, à la femme qui le charme ou le tourmente, aux enfants qui le secourent ou le délaissent; il tient au pays qu'il habite, à la demeure qu'il occupe, aux aliments dont il se nourrit, aux habits dont il est couvert; il tient aux maladies, et par suite au médecin; aux procès, et par suite à l'avocat; à ses supérieurs dans l'État, magistrats, généraux, à ses supérieurs dans l'Église, prêtres, pasteurs; enfin à Dieu, au Diable.

Essayez, au milieu de tout cela, de bien définir ses droits, et, par une suite de conséquences, ses devoirs.

Essayons, au moins, au sujet des droits. Mais nous devons avouer qu'une telle tâche, même sous ce seul rapport, et après ce qui a été dit avant nous, n'est pas sans présenter d'assez graves difficultés.

Une fois né, l'homme a d'abord sans doute le droit de vivre. Personne ne saurait le contester. La mère le nourrit de son lait. C'est fort bien. Jusque là la nature suit son cours. Bientôt il grandit et se fortifie. On lui apprend alors à veiller sur un troupeau, à labourer la terre, à équarrir du bois, à tisser des fils, etc., etc. C'est ainsi qu'il gagne son pain; et c'est bien encore. Mais, on le voit, la nature alors ne fournit plus seule à ses besoins; il faut, pour vivre, que l'homme s'aide désormais encore de son industrie.

Tant que cette industrie s'exerce dans des conditions normales, c'est-à-dire tant que l'homme des champs ou des villes reçoit pour son travail un salaire qui lui donne du pain, tout paraît bien ordonné.

Mais les difficultés commencent pour la société tout entière, lorsque le travail manque, ou bien lorsque le salaire du travailleur est insuffisant.

En effet, si tout homme arrivé à l'adolescence compte sur son travail pour vivre, que peut répondre la société à tout travailleur qui lui dira : *Je n'ai point de travail*, ou bien, *Mon travail ne peut me nourrir ?* Elle ne lui répondra rien autre chose, si elle est juste, si ce n'est, dans le premier cas : *Je te donnerai du travail*, et dans le second, *Je te fournirai le surpoint de ta subsistance.*

Cela est clair, logique, et sous un gouvernement républicain, il est évident que le problème du travail ne peut pas recevoir une autre solution.

Toutefois, comment la société fournira-t-elle le travail qui manque aux travailleurs, ou comment pourvoira-t-elle au surpoint de leur subsistance ? Deux problèmes encore assez ardus, dont la solution peut donner lieu à plus d'un embarras dans la pratique. Mais, pour le moment, ce n'est pas là ce dont nous avons à nous préoccuper : un tel sujet seulement sera pour nous, plus tard, l'objet d'indications que nous nous proposons de publier sur l'*organisation du travail.*

Reste que le principe de ce qu'on appelle *droit au travail*, ou sans doute mieux, *du droit de vivre par le travail*, est, par les simples déductions du bon sens, définitivement acquis aux *travailleurs ;* si bien que, pour tout esprit droit, il est hors de doute que ce principe doit être l'un des premiers inscrits dans notre constitution française.

Nous venons de dire l'un des premiers ; car, pour suivre l'ordre des temps et le développement successif des âges, il serait peut-être à propos d'y inscrire d'abord l'*instruction* pour les enfants.

Ici, quelle autre matière s'offrirait encore à nos études, si nous voulions approfondir une telle question ! Puisque l'homme ne vit plus depuis longtemps isolé, au fond des bois, et dans une ignorance qui ne pourrait plus être imposée comme la meilleure sauvegarde de son innocence ; puisque tout a changé autour de lui, que les hommes sont réunis dans des hameaux, dans des bourgs, dans des villes ; puisqu'il vit enfin au sein de la civilisation, où chacun s'efforce de perfectionner ses facultés, soit physiques, soit morales, il faut bien aussi qu'il travaille à cultiver son intelligence ;

sans quoi il ressemblerait à ce sauvage qui avait passé , dit-on, ses premiers vingt ans dans je ne sais quelles forêts profondes , et qui, enfin découvert, se trouvait dans un tel état d'hébétement, qu'il lui fallut longtemps avant de pouvoir articuler, même à cet âge, les premières syllabes d'une langue.

Mais quelle est la limite à laquelle devra s'arrêter l'Etat, au sujet de l'instruction due à tous les jeunes élèves? Faudra-t-il , non-seulement enseigner à tous, sans aucune distinction, les premiers éléments des sciences, mais encore les initier à toutes leurs profondeurs? A la lecture et à l'écriture, par exemple, faudrait-il ajouter pour tous l'algèbre, la philosophie? Cela serait évidemment déraisonnable. Si la République doit encourager les savants et les artistes, qui peuvent l'honorer par leurs veilles, il n'en est pas moins vrai qu'elle a encore plus de besoin, pour la vie physique de tous, d'ouvriers et de laboureurs. N'allons pas, en conséquence , élargir outre mesure le cercle des études communes, et transformer nos plus modestes écoles en lycées. Sous une telle influence, on ne tarderait pas à voir se dépeupler les campagnes, et par suite se réunir de plus en plus dans les villes des agglomérations, moins de travailleurs que d'oisifs, assez embarrassés, malgré leur savoir, de pourvoir à tous les besoins de leur existence. Ecartons de nous ce double fléau.

La République française devra donc l'instruction, et l'instruction *gratuite,* bien entendu, à tous ses enfants. Mais cette instruction devra se borner à la lecture, à l'écriture, au calcul, et tout au plus à quelques notions élémentaires des sciences, pour la plus grande partie des élèves. Quant à ceux qui se distingueront pourtant par une aptitude particulière, on pourra sans doute leur ouvrir, toujours d'une manière *gratuite*, les portes des lycées et des facultés même, afin qu'ils puissent se rendre dignes d'exercer ainsi plus tard les professions appelées *libérales*, et de tourner le bienfait de leur éducation au profit de la République elle-même.

Ici, aussi bien que pour l'organisation du travail, nous ne pourrions pas, comme on le sent bien, entrer dans tous les développements d'un système.

Après l'instruction aux enfants, et le travail à tous les hommes valides , l'État, par une conséquence bien simple, doit évidemment encore assurer les secours indispensables aux vieillards et aux infirmes. Que sont, en effet, ces hommes? Des artisans qui pourraient avoir la volonté de travailler, mais qui se trouvent dans l'impossibilité de remplir leur tâche. Reste alors donc pour eux le droit de vivre, que toujo.rs, dans la mesure de ses moyens sans doute, la société doit leur garantir. On voit, au surplus, qu'il ne s'agit ici que d'une plus large extension à donner à tous nos établissements de bienfaisance, en remplaçant partout le mot *Charité* par celui de *Fraternité*.

Pour les citoyens, en général, la République française, à notre avis, leur devra une triple garantie, la sûreté de leurs personnes, la liberté d'exercer leurs cultes, et la protection de leurs propriétés.

Quant à la sûreté des personnes, grâce à l'époque surtout où nous sommes arrivés, il ne saurait s'élever la moindre difficulté. Non-seulement le temps des lettres de cachet est passé, mais les emprisonnements arbitraires ont aussi fait leur temps. Et si, dans cette crise à jamais déplorable que nous venons de traverser, la personne des citoyens n'a pas été toujours suffisamment respectée, ce sont là de ces cas excessifs qu'il faut déplorer sans doute, mais qui ne sauraient, nous devons l'espérer du moins, se reproduire à l'avenir.

Inutile, au surplus, d'observer que la personne des citoyens doit être à l'abri, non-seulement de toute entreprise du pouvoir, mais à plus forte raison encore de toute entreprise des citoyens mêmes, ce qui fait l'objet de plusieurs dispositions de notre code pénal.

Pour le culte, aujourd'hui plus de religion d'État, plus de religion dominante, plus l'ombre même de l'intolérance. Chacun doit être admis à rendre ses hommages à la divinité dans la forme qu'il juge la plus convenable, pourvu que cette forme n'outrage, dans aucun cas, les bonnes mœurs. Ainsi juif, luthérien, calviniste, catholique, mahométan, non-seulement doivent jouir du droit d'honorer Dieu à leur façon au fond de leur cœur, mais encore de lui élever des temples sur tout le sol français ; et dans un sentiment de piété bien entendue, loin de nous quereller sur la diversité des croyances qui nous divisent, nous devons tous, au contraire, nous montrer édifiés de ce témoignage commun de respect envers le maître des humains.

Enfin, la propriété, qui ne saurait, quoi qu'on puisse dire, être un *vol*, à moins qu'elle ne soit acquise par des moyens illégitimes, doit être pareillement garantie, toutefois sous la condition de tous impôts d'argent, ou de telle autre nature de contributions dont il plaît à l'État de grever généralement tous les citoyens.

Ainsi, instruction pour tous, travail ou assistance pour certains hommes, et sûreté pour la personne, pour le culte et pour la propriété, en général, tels sont, ce nous semble, les droits que doit, avant tout, proclamer le peuple français dans sa Constitution de 1848. Ce sera là une noble initiative, non-seulement utile à ses propres intérêts, mais qui lui attirera encore des sentiments de reconnaissance de la part de tous les autres peuples; car en stipulant pour lui-même, comme le dit Montesquieu d'un ancien roi de Syracuse, il aura en même temps stipulé pour l'humanité.

Il est d'autres droits encore qui tiennent davantage aux progrès de la civilisation, et qui ne laissent pas pourtant que d'être fort importants, comme, par exemple, l'admissibilité de tous, soit aux écoles, soit aux emplois, la liberté de la presse, celle des associations et des réunions, etc. Nous ne faisons que les mentionner ici; mais nous y reviendrons avec plus de détail dans la suite.

A l'égard des devoirs, une énumération de cette nature semble-t-elle aussi nécessaire? Nous ne le pensons pas. D'abord, parce que dans un Etat quelconque, et particulièrement en République, c'est le faible qu'il faut, avant tout, soutenir contre le fort; ensuite, parce que les devoirs des citoyens qui n'ont besoin de réclamer aucune des garanties ci-dessus exprimées, correspondent évidemment aux droits qu'ont d'autres citoyens de réclamer pour eux ces garanties; enfin, parce que les devoirs d'époux, de père, de soldat, d'instituteur, de magistrat, de prêtre, etc., etc., sont beaucoup trop nombreux pour qu'ils puissent être précisés d'une manière exacte dans une Constitution.

On a aussi élevé la question de savoir s'il ne serait pas à propos que la Constitution fût précédée d'un préambule. Si ce préambule est d'un style précis, et que ses dispositions soient obligatoires comme le reste de la Constitution, il n'y aurait, selon nous, aucun inconvénient. Mais, nous devons l'avouer, nous ne trouvons pas ces deux qualités dans le préambule du projet rédigé par la commission de l'Assemblée nationale. D'abord, les termes en sont non-seulement diffus, mais même déclamatoires. Premier défaut. Ensuite, les droits de l'homme que nous venons d'exposer semblent être, dans le préambule de la commission, une simple promesse, et non une obligation réelle que le peuple français entendrait s'imposer. Second défaut. Par ces deux motifs, nous n'admettrions pas, sans qu'elle fût amendée, dans la forme et dans le fond, une pareille œuvre.

Voici, pour terminer, au surplus, quel serait le début de la Constitution que nous avons essayé de formuler nous-même :

CONSTITUTION FRANÇAISE DE 1848.

Au nom de Dieu, et sous l'inspiration de la sublime devise, Liberté, Egalité, Fraternité,

L'Assemblée nationale décrète :

ARTICLE PREMIER. Le peuple français est définitivement et à perpétuité constitué en République.

ART. 2. Il garantit à l'avenir 1° l'instruction gratuite primaire à tous les enfants ; 2° le travail aux hommes valides ; 3° l'assistance aux vieillards et aux infirmes ; 4° leur personne, leur culte et leurs biens à tous les citoyens ; outre plusieurs autres droits encore dont il sera parlé aux art. 64 et 62.

DEUXIÈME QUESTION.

Faut-il établir une chambre ou deux?

Dans les anciennes républiques d'Athènes ou de Rome, le peuple votait les lois sur la proposition des archontes ou des consuls. Mais dans un État aussi étendu que la France, il est évident que le pouvoir législatif ne peut s'exercer que par délégation à un certain nombre de représentants.

C'est déjà une chose assez fâcheuse, sans doute, que cette délégation, par la-raison que les délégués peuvent ne pas représenter fidèlement la volonté du peuple, et qui pis est, parce qu'ils peuvent la trahir. Mais c'est là, comme on l'a déjà fait observer plusieurs fois avant nous, un des inconvénients inséparables des grands États; et il ne peut y avoir pour un tel mal d'autre remède que le renouvellement de l'Assemblée nationale à des intervalles rapprochés par exemple, comme nous le proposerons, de trois en trois ans. Quelques représentants qui auraient méconnu leur mandat pourraient être ainsi écartés, sans qu'ils eussent eu le temps probablement de commettre de grands dommages; et les autres, qui auraient montré une foi plus sûre, reviendraient à une nouvelle législature, consacrés, pour ainsi parler, par un nouveau baptême populaire. Encore une fois, il n'est pas d'autre moyen d'obvier à la funeste nécessité de déléguer ce pouvoir si important, et qui, par sa nature, est appelé à dominer tous les autres, le pouvoir législatif.

Mais que pourrons-nous dire de l'opinion des politiques qui proposent une double délégation de ce pouvoir; qui ne se contentent pas d'une seule chambre, mais qui en demandent deux? Cela peut paraître bien étrange.

Voyons un instant leurs raisons.

Il faut se tenir en garde, disent-ils d'abord, contre les entraînements d'une chambre trop ardente, qui voudrait toujours pousser en avant le char de la Révolution. Il faut à ces entraînements un frein, un contre-poids, un point d'arrêt. C'est bien, si ce n'est pour la raison, du moins pour la métaphore.

Nous répondrons que ces sortes d'entraînements sont peu à craindre de la part d'une chambre de représentants, composée, par la force même des choses, comme on le verra toujours, d'hommes non seulement riches, mais encore accoutumés à toutes les commodités du luxe, et qui ne voudraient pas exposer, dans des projets chanceux, leurs personnes et leurs fortunes.

De plus, si, comme le propose la commission elle-même de l'Assemblée, un conseil d'État est institué afin de préparer les lois, et d'en soumettre, par conséquent, à un examen sérieux toutes les dispositions, que devient, nous le demandons, une pareille objection?

On insiste, et l'on dit que les hommes n'ont pas tous le même caractère; qu'il en est de vifs et de pétulants, comme de lents et de flegmatiques; qu'il faut faire la part de ces différences et chercher pour tous une place convenable. Mais si vous réunissez les premiers dans une chambre et les seconds dans une autre, n'aurez-vous pas ainsi une chambre toute de feu, et une chambre toute de glace? Faut-il donc, dans un sujet si grave, recourir à de vaines antithèses?

Nous n'avons pas été plus frappés d'une troisième objection émanée de M. Thiers lui-même. Oui, M. Thiers a dit que, si un carrosse est toujours plus doux avec huit ressorts qu'avec quatre, la même chose doit arriver à l'égard d'un État, fondé sur deux chambres plutôt que sur une seule. Mais alors pourquoi n'établirait-on pas de préférence trois et même quatre chambres? L'État n'en serait-il pas de plus en plus doux? Nous voulons croire, pour l'honneur de M. Thiers, qu'il n'est pas à reconnaître aujourd'hui la futilité d'une telle argumentation.

Enfin, et c'est ici le seul côté tant soit peu spécieux de la question, on nous dit que les gouvernements étrangers auraient plus de confiance en deux chambres qu'en une seule, parce qu'il y a plus de raison, en général, dans un sénat que dans une assemblée de représentants; et à cet égard on nous cite l'exemple des anciennes républiques, surtout celle de Rome, dont le sénat passait pour un modèle de sagesse. Mais d'abord on fait ici une confusion. A Rome, loin qu'il y eût deux chambres législatives, il n'y en avait réellement pas une seule, puisque, ainsi que nous l'avons fait remarquer en commençant, c'était le peuple lui-même qui votait les lois. Le sénat rendait bien parfois des sénatus-consultes, mais c'était sur des objets de pure administration, comme, par exemple, pour ce qui touchait à la gestion des provinces conquises. Mais pour les lois, c'était différent; elles étaient une sorte d'arche sainte à laquelle il n'était pas permis au sénat de porter la main, si bien que, dans certains cas, le peuple seul votait, même sans le concours du sénat lui-même, des décrets qui prenaient alors le nom de *plébiscites*. Ainsi, n'allez pas comparer la France d'aujourd'hui avec l'ancienne Rome, parce que de tels rapprochements ne peuvent nullement aider à la solution de la question. Ce qui fait, nous en conviendrons, que deux chambres qui seraient établies en France sembleraient devoir obtenir plus de sympathie de la part, non pas des peuples, mais des gouvernements européens, c'est qu'à l'exception de la Suisse, nul autre de ces gouvernements n'est constitué en république. Mais est-ce là une raison qui doive exercer sur nous la moindre influence; et par cela même que nous sommes en république, plusieurs de nos institutions ne doivent-elles pas nécessairement se trouver en désharmonie avec les institutions des autres gouvernements européens? Parce que les Russes obéissent encore à un maître, devrions-nous montrer une servilité semblable à l'égard de nôtre, et s'il en est plusieurs, de nos chefs de république? Parce que les Anglais ont leur chambre des lords, devrions-nous avoir nécessairement notre chambre des pairs? Parce que plusieurs peuples de l'Europe ne jouissent pas encore de la liberté de publier leurs pensées, devrions-nous comprimer notre presse sous le bâillon? Cela serait évidemment sans raison; et cette dernière objection, on le voit, n'a pas plus de fond que celles qui ont été précédemment réfutées.

Voilà donc à quoi se réduisent les motifs sur lesquels on s'appuie pour justifier en France l'établissement de deux chambres; motifs forcés, sans aucune consistance, qui disparaissent, comme de vains fantômes, devant les simples lumières du bon sens.

Voyons, par contre maintenant, les motifs qui militent en faveur d'une seule chambre pour représenter la nation.

En premier lieu, dans la supposition où vous auriez deux chambres en présence, vous ne pourriez pas éviter qu'en certains cas i ne se manifestât entre elles quelque conflit d'attributions. C'est là un inconvénient peu grave, si l'on veut, dans une monarchie, où le roi a le pouvoir, pour ainsi dire, de trancher de son épée toutes les difficultés; mais dans une république, cet inconvénient serait bien plus sérieux, parce qu'en cas de lutte entre les deux chambres, ni sujets ni magistrats ne sauraient plus vraiment à qui obéir. Or, une telle anomalie devient impossible en fondant une seule chambre, parfaitement libre dans ses mouvements, qui ne sera responsable qu'envers la nation, qui devra tout au plus à la nation compte de ses actes. On nous citera l'exemple des États-Unis, où se trouvent réellement deux assemblées, le sénat et la chambre des représentants. Mais nous répondrons que cette jeune république en est pour ainsi dire encore à ses débuts ; que les germes de discorde qu'elle porte dans son sein, notamment au sujet de la question de l'esclavage, n'ont pas encore eu le temps de se produire au grand jour, et qu'ainsi un tel exemple est loin d'être concluant. Quand cet État comptera, ce que nous lui souhaitons, deux ou trois cents ans de durée, vous pourrez invoquer cet exemple alors avec plus de chances de succès.

En second lieu, deux chambres une fois établies, chambre haute et chambre basse, ou, si on le préfère, première et seconde chambre, l'une ne sera-t-elle pas appelée à représenter forcément l'aristocratie française, et l'autre sa plus saine démocratie? Mais est-ce bien là, nous le demandons, le but auquel nous devons tendre, sous un régime abolitif de tous les priviléges, sous le régime de l'égalité?

En troisième lieu, sur les questions financières, la chambre basse ou seconde chambre, ou chambre démocratique, devant avoir toujours, à raison de sa composition même et de l'élément populaire qui y domine, la primauté pour la discussion, la chambre haute, ou première chambre, ou chambre aristocratique, ne devient plus alors qu'une chambre d'enregistrement, et, par suite, une véritable superfétation politique, un rouage complétement inutile dans la machine parlementaire.

En quatrième lieu, enfin, une chambre aristocratique, qu'on l'appelle *Conseil des anciens*, *Sénat conservateur* ou *Chambre des Pairs*, n'étant bonne, tout au plus, comme nous l'avons vu sous tous les gouvernements qui se sont succédé depuis plus de cinquante ans, qu'à recueillir, comme des meubles usés et sans valeur, les blessés, ou, pour mieux dire, les invalides de la chambre démocratique, il faut laisser cette institution vermoulue à une république déchue, à un empire despotique et à une monarchie corrompue. Mais une jeune république doit rejeter, sous quelque couleur qu'elles se présentent, toutes les livrées du servage ; elle doit marcher, dégagée de telles entraves, dans la voie de l'avenir.

Ainsi, par toutes ces raisons, unité de pouvoir, pure démocratie, simplicité de rouages, énergie d'opinions, indépendance de position, sans parler des considérations bien plus graves encore sur lesquelles nous nous sommes appuyés au début de cette discussion, la question d'une seule chambre, ou, pour mieux dire, d'une seule Assemblée nationale, est pour nous irrésistiblement décidée.

TROISIÈME QUESTION.

Y a-t-il lieu de nommer un ou plusieurs chefs de la République?

Nous commençons, dès l'abord, par déclarer hardiment que nous en voudrions deux, et nous ne dissimulons pas que nous sommes appelés à combattre l'opinion la plus répandue, celle qui consiste à n'en proposer qu'un seul, sous le nom de président.

Mais, après avoir lu ces quelques pages, on pourra voir si, sur ce point comme sur ceux qui précèdent, la raison n'est pas ici encore pourtant de notre côté.

Entrons dans le cœur du sujet.

Avant tout, nous demanderons quelle différence on établit entre un président de république et un roi. La présidence, nous dira-t-on, ne sera pas héréditaire, et de plus, cet unique magistrat suprême de la république ne sera élu que pour quatre ans.... Quatre ans!... mais c'est un espace assez long; et dans cet intervalle quadriennal, un président, pour peu qu'il ait l'humeur remuante, peut changer bien des choses!... Supposez, pour un instant un autre Monk à la tête de votre république. qu'arrivera-t-il? C'est qu'avant que vos quatre ans soient écoulés, vous pourrez voir apparaître à l'horizon ou un jeune Louis-Philippe, ou, comme on l'appelle toujours, un jeune Henri, ou un majeur Louis-Napoléon. Or, vous ne voulez cependant ni des Bourbons aînés, ni des Bourbons cadets, ni des Napoléons neveux. Mais il faudra tout doucement céder à la volonté présidentielle de votre Monk, ou plutôt à la pointe tout autrement impérieuse du demi-million de baïonnettes recrutées pour son service particulier, et non pour celui de la patrie. Républicains, pourriez-vous entrevoir d'un œil froid une telle perspective, et voudriez-vous, grâce à une trahison qu'en Angleterre les événements seuls ont pu justifier, courir le risque de passer encore sous les fourches caudines d'une troisième restauration?

Ce danger n'est nullement probable, direz-vous; car, dans tous les temps, les Monks sent rares. Je le veux bien; mais supposez un Monk qui veuille travailler pour son propre compte; supposez que, grâce à sa bonne fortune, ou mieux encore à son génie, il ait battu l'ennemi à quelque autre Marengo, et qu'il se présente escorté de quelques bons régiments, faisant jaillir au loin de son épée des reflets de triomphe; pensez-vous que les Français, peuple si changeant, résistent longtemps à un tel appareil? que leurs yeux ne soient pas fascinés de tant de gloire? N'iront-ils pas s'engouer, car c'est le mot, pour ce nouveau Napoléon, au vol rapide, un peu plus sérieux, du reste, que le Napoléon à l'aigle apprivoisé? Dieu nous préserve d'une telle épreuve, surtout si celui dont nous parlons arrivait, comme aujourd'hui, au milieu des crises de toutes sortes qui nous désolent, et, par suite, au milieu des divisions de partis, dont nos représentants eux-mêmes nous ont donné récemment un si triste exemple !

Mais, quoique plus probable que la première, rejetons encore, si vous voulez, cette seconde hypothèse. Nous irons bien plus loin, et nous dirons avec franchise, que nommer un président de la république, ce sera véritablement nommer aux yeux du peuple un roi déguisé. Le peuple, en effet, se dira : Voilà un homme qui jouit d'une bien forte rente (six cent mille francs par an!), qui habite de superbes châteaux (il en aura plus d'un à son service!), un homme qui prend des ministres, qui est le chef de l'armée, qui tient la clef du trésor, qui dispose des moindres débits de tabac...... Mais qu'a-t-il donc de moins qu'un roi? Qu'est-ce qui lui manque? C'est peut-être ici, me direz-vous, l'histoire de ce bon Suisse qui demandait si un puissant monarque dont on lui parlait, pourrait bien avoir une centaine de vaches à la montagne. Mais ce bon Suisse, c'est, malgré ses lumières, notre bon peuple français ; non pas précisément, si l'on veut, le peuple de Paris, non plus que le peuple de Strasbourg, de Lille, de Marseille, mais le bon peuple de l'Alsace, de la Flandre et de la Provence. Pour ce bon peuple, faire un président de la république, c'est donc un roi sous un autre nom ; ce n'est pas rompre avec le passé, c'est véritablement le continuer. Tout au plus verront-ils dans ce président une espèce d'intendant, une sorte d'homme postiche, chargé de garder la place de son maître; mais ce maître, penseront-ils, ne pourra tôt ou tard manquer de revenir. C'est là, comme on sait, le rêve de M. de Genoude, qui ne doute pas lui-même le moins du monde que sous l'aile du coq, emblème de la vigilance, on ne voie quelque matin, par miracle, refleurir un beau lis.

Ainsi, dans le cas où il n'y ait pas danger réel à nommer un président de la république, qui veuille, soit pour lui, soit pour tout autre, relever un trône, il n'en est pas moins vrai que si l'on veut rompre d'une manière définitive avec le passé, il faut avoir nécessairement recours à une autre création. Laquelle? A notre avis, c'est de nommer deux consuls. Deux consuls? Oui. Nous vous l'avons annoncé, une telle proposition peut vous étonner. Mais veuillez nous écouter un peu, je vous prie, avant d'asseoir d'une façon bien résolue votre jugement.

Nous venons de montrer avec évidence, je crois, que si ce n'est toujours, du moins dans un grand nombre de cas, un président peut être un homme dangereux pour la République, un homme dont on peut avoir à redouter la gloire ou la ruse, les triomphes ou les intrigues. Or, voyez comme ce danger ou cesse ou s'amoindrit beaucoup en établissant deux consuls pour administrer les affaires de l'État.

Supposons, en effet, qu'ils veuillent, chacun de son côté, opprimer le peuple; il n'est pas probable, du moins, qu'ils veuillent à leur tour se laisser opprimer eux-mêmes. Ils se tiendront conséquemment l'un et l'autre en respect ; ils exerceront sur leurs actes une surveillance assidue ; et si l'un des deux montrait la moindre velléité de despotisme, il pourrait être incontinent dénoncé par l'autre à l'Assemblée nationale. Le même désaccord se manifesterait entre eux probablement, si, par une fatale aberration, l'un des deux voulait prêter la main à une autre restauration royale, ou quasi-royale, ou quasi-impériale. Dans tous les cas, on sera forcé de convenir qu'il est moins facile de trouver deux traîtres qu'un seul à la cause de la patrie.

Mais ici se présente dès l'abord une première objection contre notre système. En donnant, nous dira-t-on, le même pouvoir aux deux consuls, vous les placez dans un état perpétuel d'antagonisme; et si vous donnez, au contraire, plus de pouvoir à l'un qu'à l'autre, ce sera peut-être pis encore; car le premier consul, par exemple, ne tardera pas sans doute à effacer, ou, pour mieux dire, à absorber complétement le second.

Nous répondrons d'abord que nous n'entendons pas établir une entière égalité de pouvoir entre ces deux consuls, mais que, sous certains rapports du moins, nous conférerions au premier plus d'autorité qu'au second. Le premier consul, en effet, présiderait dans l'État, à l'administration, à la justice, à l'agriculture, au commerce, aux travaux publics, aux finances, enfin à tous les services civils. Le second consul, et c'est là un assez beau privilége, commanderait de son côté à toutes les forces de terre et de mer. Nous prendrions pour règle, comme on le voit, le principe : *Cedant arma togæ.* Et ce principe doit d'autant plus, ce nous semble, l'emporter, que la tendance des peuples est manifestement aujourd'hui et tout à la fois à la paix, en même temps qu'à la république universelle. D'après une telle démarcation de pouvoirs, on pressent que le second consul est rarement maître d'agir seul, mais qu'il est presque toujours obligé, même dans le cercle de ses attributions, de se concerter avec le premier ; disposition qui doit, à moins de cas exceptionnels, maintenir plutôt entre eux le bon accord, que de susciter un état d'antagonisme. S'il venait à s'élever, au surplus, un conflit quelconque entre eux, ils auraient l'un et l'autre un supérieur naturel à qui ils devraient en référer pour terminer leurs différends. Ce supérieur, c'est l'Assemblée nationale.

On peut observer, de plus, qu'une telle disposition adoptée, la seconde partie de l'objection que nous avons ci-dessus formulée disparaît en même temps. Si nous proposions en France, pour premier consul, le général qui commanderait toutes les forces de terre et de mer, comme on eut le tort de le faire par la constitution de l'an viii, on aurait lieu de craindre, en effet, que le second consul, fût-il un Cambacérès, ne pût, dans ce cas, comme on l'a dit, être complétement absorbé par le premier. Mais dans notre système, au contraire, le premier consul n'étant, par la nature même de ses fonctions, jamais appelé à tenir l'épée du commandement, ne portant, si l'on peut parler ainsi, que la main de la justice, une telle crainte deviendrait véritablement chimérique.

Reste que l'institution de deux consuls offre à notre avis cet avantage incontestable, que dans le cas de projets usurpateurs, ils seraient appelés à s'opposer l'un à l'autre une résistance faite pour renverser ces projets, tandis que le gouvernement d'un président seul pourrait souvent, non-seulement bouleverser complétement les affaires de l'État, mais mettre en question la république elle-même.

Un second avantage résultant d'un tel système, c'est que la dignité de président *sans partage* d'une puissante république sera toujours, suivant les inspirations naturelles du cœur humain, beaucoup plus enviée que la dignité de consul, qu'il faudra nécessairement *partager*. De là ces ambitions fermentant déjà au fond des âmes, et qui se manifestent par des signes plus ou moins éclatants. De là ces inimitiés, ces haines de nos nouveaux Pompées, de nos nouveaux Crassus. L'empire ne sera pas mis aux enchères, sans doute, aucun d'eux n'étant, d'ailleurs, assez riche pour le payer; mais, déjà tiraillé par leurs divisions, il peut être exposé à de plus grands malheurs encore, par l'ambition effrénée de tant de concurrents. Nommez deux consuls, et le mal ne disparaît pas tout-à-fait sans doute, mais il diminue par cela même notablement. Accolez au nom de Lamartine (nous nommons celui-là le premier, parce qu'il faut bien nommer quelqu'un le premier), accolez au nom de Lamartine, disons-nous, au nom de Thiers, de Cavaignac, de Rothschild (qui sait!), de Ledru-Rollin, de Marrast, etc., tel autre nom moins célèbre, et qui soit pour ainsi dire la doublure de chacun de ceux que nous venons d'énoncer, aussitôt les bouillons de l'ambition s'affaissent; qu'on nous permette de le dire, c'est absolument jeter de l'eau sur le feu. Or, sous ce rapport encore, il nous semble qu'il ne serait pas mal de régler les vœux excessifs de tant de rivaux, plus ou moins honorables, sans doute, mais qui aspirent un peu trop, nous le croyons, à donner désormais leurs ordres, tranchons le mot, à trôner dans ce palais, dans ces Tuileries mêmes, d'où le peuple, si ce n'est eux, a chassé les derniers rois.

Le second avantage d'une telle création, c'est que le fardeau des affaires étant ainsi divisé entre deux consuls, il pourrait en résulter une amélioration sensible dans l'administration de l'État. Il faut avoir les épaules d'un Atlas pour soutenir le monde, nous pouvons presque dire la France. Que sera-ce donc si vous allez nommer un nain? Mais en partageant la charge, vous iriez beaucoup mieux à votre but. Le premier consul, celui qui aura les épaules, si vous voulez, les plus robustes, supportera le plus grand poids des affaires. Le second, dont le bras devra surtout montrer de la vigueur, portera, comme nous l'avons dit, le glaive des batailles, non plus celui qui, à diverses époques, a conquis les provinces et les empires, mais le glaive destiné à défendre aujourd'hui l'indépendance du peuple français, que disons-nous? l'indépendance de tous les peuples du monde!

Ce n'est pas tout encore; car les raisons se pressent à l'appui de la thèse que nous soutenons. Vous laissez, nous avez-vous dit, votre président de la république s'élever, et souvent se perdre dans les hautes régions du pouvoir, pendant quatre ans. Mais à l'expiration de ce terme, qu'en ferez-vous? Un homme qui descend de si haut ne peut plus exercer des fonctions peu dignes. Le poste de juge en Cassation, celui de conseiller d'État, celui de représentant même du peuple, ne vont plus désormais à sa taille de géant. Tous vos présidents seront donc, moins la tyrannie, si l'on veut, des Syllas qui se retireront majestueusement dans leurs terres, mais qui mourront de l'ennui de ne pouvoir plus être utiles à leurs concitoyens. Les consuls, au contraire, par cela même que leur pouvoir aura été moins élevé, auront été moins enivrés de sa fumée; ils auront su garantir leur tête du vertige; et à l'expiration de leur charge, on les verra venir s'asseoir modestement au conseil d'État, au tribunal de cassation, ou dans le sein de l'Assemblée nationale; jaloux d'occuper ainsi un poste où ils puissent rendre toujours des services à leur pays.

Mais d'où vient cette espèce de préjugé, ou pour mieux dire, car c'est encore le mot, d'engouement presque universel pour la dignité de président de notre nouvelle république française? Le voici: cela tient d'abord à l'état encore rude de nos mœurs, *adhuc manent vestigia ruris*, sur lesquelles, même à notre insu, a beaucoup trop déteint le monarchisme. S'écarter d'un seul personnage à la tête de la nation, il semble que ce serait nous dépayser. Ensuite, parce que cette dignité de président s'est trouvée établie dans les États-Unis d'Amérique, on a cru, en ce temps de libre échange, qu'on pouvait se permettre, sans plus de cérémonie, une telle importation. Mais, comme nous l'avons fait observer déjà, les États-Unis d'Amérique en sont à leur début encore dans la carrière républicaine. Ils ont été fondés par un grand homme, par Washington. C'est heureux. Mais tous ses successeurs pourront-ils lui ressembler? Après un Adam, un Jackson, un Polk, ne pourrait-on pas trouver un Cromwell? A Dieu ne plaise que nous voulions, pour gagner notre cause, voir s'appesantir sur la tête de citoyens, depuis si longtemps nos amis, une telle main de fer! Mais enfin, nous Français, nous peuple que l'on dit plein d'idées originales, fait non-seulement pour prendre l'initiative en toutes choses, mais pour donner même l'impulsion à tous, comment donc allons-nous faire un emprunt, et quel emprunt encore! à ces anciens amis d'outre-mer? Soyons nous-mêmes; n'allons pas, en matière politique, et en plein dix-neuvième siècle, nous montrer de pauvres contre-facteurs.

Une considération peut-être plus grave, ou plutôt une raison plus puissante que nous ne devons pas non plus négliger, ô Français! c'est que si dans tous les cantons de la France, vous allez ouvrir un scrutin pour l'élection d'un chef de l'État, prenez garde, au train dont marchent les intrigues, qu'il ne sorte de l'urne quelque prétendant tout armé. Henri, Ferdinand ou Louis-Napoléon, n'importe. Ce serait, dans tous les cas, un grand malheur; car nous verrions presque aussitôt se croiser partout les feux de la guerre civile. Nous verrions

> Français contre Français, parents contre parents,
> S'égorger follement pour le choix des tyrans.

Qu'il s'agisse de nommer deux consuls, et il n'y aura plus de trouble ni d'orage. Tout au plus, les votes dépouillés pourront-ils fournir des associations de noms assez bizarres. Le nom de Cavaignac, par exemple, pourrait se trouver uni à celui du prince de Joinville, le nom de Pie IX à celui de Lamennais, et le nom de Bugeaud à celui de Jellachik. Ce seraient seulement alors quelques scènes faites pour défrayer d'un fou rire cinquante numéros du *Charivari* !...

Pour renforcer enfin cette masse d'arguments à l'appui de notre système, il nous reste, si ce n'est peut-être trop, il nous reste de plus à invoquer les exemples de l'antiquité.

Que fit le sage Lycurgue (notre tâche sera bientôt remplie), que fit le sage Lycurgue, lorsqu'il eut reçu la mission de doter Sparte d'une nouvelle constitution? Il établit au sommet de tous les pouvoirs deux rois; non pas tant pour respecter assurément les droits des deux familles princières, les *Agides* et les *Proclides*: une si faible considération ne pouvait un instant arrêter la pensée de ce souverain législateur ; mais parce qu'il était sans doute bien convaincu que la domination d'un seul homme tourne nécessairement à la tyrannie, et qu'il voulait, au prix même de quelques dissensions intérieures, préserver avant tout ses concitoyens d'un tel fléau. Il ne se borna pas, du reste, à balancer la puissance des deux rois par elle-même ; mais il institua un sénat pour préparer les décrets présentés au peuple, ainsi que des éphores, magistrats chargés de veiller sur les mœurs des citoyens. C'est ainsi que ce célèbre législateur fonda l'État laconien sur des bases durables, et qu'à travers une foule de révolutions qui bouleversèrent la Grèce, cet État eut le bonheur de se maintenir presque dans sa pureté native jusqu'à ses deux derniers rois, Agis et Cléomène, c'est-à-dire pendant plus de six cents ans. Mais à cette dernière époque, l'or et le luxe des Perses qui avaient tout infecté chez les Grecs, s'étaient même peu à peu introduits à travers les portes d'airain de la ville qu'avait illustrée de plus en plus Léonidas. Agis osa prononcer le mot de réforme ; mais les éphores, hommes corrompus, ne lui pardonnèrent pas ses généreux essais. Jaloux de conserver leurs richesses, ils ne reculèrent pas devant un crime ; et, d'une main impitoyable, ils versèrent le sang de ce premier magistrat de la république, de ce roi aux mœurs si pures, qui, uni à son collègue Cléomène, aurait ramené, n'en doutons pas, les beaux jours de Sparte et sa première prospérité.

Voilà notre premier exemple.

Et maintenant, si nous nous transportons, longtemps après Lycurgue, au berceau de la république romaine, qu'y voyons-nous d'abord apparaître ? La grande figure de Brutus. Après l'expulsion des rois, qui fut plus particulièrement, comme on sait, son ouvrage, que fit ce vertueux citoyen, ce type des hommes dévoués à leur mère commune, à leur patrie ? Quoiqu'un sang royal coulât dans ses veines, il n'entendit pas réclamer un tel privilége, et ne demanda pas à s'asseoir sur le trône des Tarquins. Non ; d'une main terrible, et aidé par le peuple, il brisa ce trône tout souillé de crimes, et en dispersa avec lui les éclats à tous les vents. Mais qu'établit-il ? Que mit-il à la place de ce trône même ? Une simple chaise curule. Ah ! sans doute, ô Brutus, ta grande âme était bien au-dessus des dignités humaines ; tu savais mépriser les titres et fouler aux pieds les couronnes. Mais tu dus être surtout, j'en suis certain, préoccupé des intérêts futurs de Rome. Tu te dis : Si je nomme un seul consul, ou plutôt si je me fais élire par le peuple à cette dignité nouvelle, rien n'est à craindre sans doute pendant ma vie, ni de ma part ni de la part d'aucun autre citoyen, pour le salut de la république. Mais, après Brutus, qu'en sera-t-il ? Ne peut-il pas surgir de nouveaux Tarquins ? Un seul consul ne ressemble-t-il pas à un roi? A l'ombre de ce pouvoir unique, l'hydre dont nous avons tranché la tête, cette hydre affreuse du despotisme, ne pourra-t-elle pas se relever pour engloutir, comme par le passé, les générations à venir? Et, dominé par une telle pensée, jaloux de transmettre un exemple mémorable aux Romains, un exemple qui aurait dû être à jamais pour eux, s'ils n'avaient été plus tard frappés d'aveuglement, une loi salutaire, tu te décidas à partager avec Collatin le pouvoir suprême ; tu voulus qu'il prît place à tes côtés sur la chaise curule, qu'il fût comme toi honoré de la pourpre, que les licteurs aussi portassent devant lui les faisceaux. Touchant accord, sainte inauguration, qui devait procurer à Rome cinq cents ans d'une gloire pure, et lui assurer, plus que le fer des Césars mêmes, l'empire de l'univers. Quelques faux esprits ont voulu pourtant marquer une tache dans ta vie. Ils t'accusent d'avoir cédé, dans une occasion solennelle, à ton caractère farouche ; d'avoir condamné, sous prétexte d'une conspiration royale, d'avoir fait immoler même sans pitié tes propres enfants... Sans pitié! Qui le leur a dit ? L'histoire? Mais les Romains qui te virent ordonner d'un œil sec leur supplice, purent-ils également plonger jusqu'au fond de ton âme et y lire les mouvements de douleur ainsi que de tendresse dont cette âme, toute haute qu'elle était, dut en ce moment sans doute être agitée ? Quoi qu'il en puisse être, les fils de Brutus, du premier consul romain, devaient périr ; car ils s'étaient rendus coupables du plus grand des crimes... ils avaient trahi leur patrie !

Résumons-nous, ou plutôt rappelons par deux ou trois mots caractéristiques chacune des raisons que nous avons développées, en faveur de l'établissement de deux consuls, qui seraient appelés à prendre en main le gouvernail de notre république : 1° rupture avec le passé ; 2° résistance mutuelle bien entendue ; 3° ambitions vivement refoulées ; 4° répartition meilleure des services publics ; 5° utilisation dans l'Etat des anciens consuls ; 6° danger de la contrefaçon des Etats-Unis ; 7° exclusion inévitable des prétendants ; 8° enfin, exemples célèbres de l'antiquité.

Terminons. Représentants du peuple, si vous voulez garantir des
écueils dont elle est menacée, dans le présent et dans l'avenir, cette
jeune république, seule sauve-garde de la France, nouveau palla-
dium de la patrie, empressez-vous de décréter la nomination de
deux consuls.

N. B. Le temps nous ayant manqué pour écrire un Exposé de motifs
complet de notre contre-projet de constitution, nous nous bornons à signa-
ler au lecteur les institutions suivantes : 1° un médecin des pauvres (art. 31);
2° un avocat des pauvres (art. 40); 3° la création de tribunaux de conciliation municipaux (art. 46); 4° la création de censeurs publics (art. 57).

CONSTITUTION FRANÇAISE DE 1848.

Au nom de Dieu, et sous l'inspiration de la sublime devise, Liberté, Égalité, Fraternité,

L'Assemblée nationale décrète la constitution suivante :

ARTICLE PREMIER. Le peuple français est définitivement et à perpétuité constitué en république.

ART. 2. Il garantit à l'avenir : 1° l'instruction gratuite primaire
à tous les enfants; 2° le travail aux hommes valides ; 3° l'assistance aux vieillards et aux infirmes ; 4° leur personne, leur culte
et leurs biens à tous les citoyens; outre plusieurs autres droits encore dont il sera parlé aux art. 64 et 62.

De la division des pouvoirs.

ART. 3. Les pouvoirs se divisent en pouvoir législatif et en pouvoir exécutif.

ART. 4. Le pouvoir législatif sera exercé par une seule chambre, qui prendra toujours le nom d'Assemblée nationale.

ART. 5. Le pouvoir exécutif sera exercé par deux consuls, et
par leurs délégués, dans la hiérarchie, soit civile, soit militaire.

De l'Assemblée nationale.

Art. 6. Les membres de l'Assemblée nationale seront élus par tous les Français, âgés de vingt et un ans accomplis.

Art. 7. Cette Assemblée sera composée de neuf cents représentants, âgés de vingt-cinq ans au moins, suivant la répartition qui en sera faite, proportionnellement à la population des quatre-vingt-six départements français et des colonies ; celles-ci ne pouvant avoir en tout néanmoins au delà de trente représentants.

Art. 8. L'Assemblée nationale sera nommée pour trois ans.

Elle devra se réunir le 1er octobre de chaque année, afin d'avoir procédé à l'examen du budget avant le commencement de l'année suivante.

Art. 9. Il y aura incompatibilité entre les fonctions de représentant du peuple et toutes fonctions publiques, si ce n'est celles de ministres secrétaires d'Etat.

Un représentant du peuple pourrait aussi, toutefois, être chargé d'une mission temporaire quelconque, soit par l'Assemblée nationale, soit par les deux consuls.

Art. 10. Chaque représentant recevra, à titre d'indemnité, une somme de 10 francs par jour dans ses foyers, et de 15 francs par jour, pendant la durée des sessions.

Art. 11. Le droit de proposition des lois appartiendra spécialement aux consuls, et pourra être exercé pourtant par tout représentant du peuple, mais dans les limites fixées par le règlement de l'Assemblée.

Art. 12. Les lois une fois votées, seront promulguées dans les trois jours, en cas d'urgence, dans les vingt-quatre heures, par les deux consuls, au moyen de l'insertion, tant au *Bulletin des lois* qu'au *Moniteur*.

Sur l'avis du conseil d'État, les deux consuls pourront néanmoins opposer leur *veto* à cette promulgation, et l'Assemblée nationale sera appelée, dans ce cas, dans le plus bref délai, à statuer d'une manière définitive sur une telle position.

Art. 13. Lorsque, pendant les sessions de la législature, il y aura lieu à exercer des poursuites criminelles contre un représentant du peuple, il sera nécessaire, hors le cas du flagrant délit, d'obtenir l'autorisation préalable de l'Assemblée nationale.

Art. 14. Toute modification à la présente constitution devra être proposée au moins par cinquante représentants du peuple collectivement, et cette proposition ne pourra avoir lieu que dans la première année de chaque législature seulement.

Des deux Consuls.

Art. 15. Les deux consuls seront également élus par tous les Français âgés de vingt et un ans accomplis, de trois en trois ans, et à pareille époque que les représentants du peuple.

Art. 16. Chaque consul, âgé de quarante ans ou plus, devra avoir fait partie au moins de deux législatures.

Art. 17. Ils recevront chacun une somme de 150,000 fr. par an, à titre de traitement.

Art. 18. Le premier consul présidera, dans l'État, à l'administration, à la justice, à l'agriculture, au commerce, aux travaux publics, aux finances, et généralement à tous les services civils.

Le second consul commandera à toutes les forces de terre et de mer.

Art. 19. Le premier consul nommera seul aux emplois civils, et de concert avec le second consul, aux emplois militaires, y compris même ceux de ministre de la guerre et de la marine.

Art. 20. Les déclarations de guerre et de paix, les traités d'alliance et de commerce, les lettres de grâce et de commutation de peine, enfin les arrêtés pour exécution des lois, devront aussi être l'ouvrage des deux consuls conjointement.

Tous ces actes n'auront d'effet définitif, toutefois, qu'après l'approbation formelle de l'Assemblée nationale.

Art. 21. En cas de conflit entre les deux consuls sur une question quelle qu'elle soit, il en sera référé par eux à la même Assemblée.

Art. 22. En cas de prévarication de la part de l'un des consuls ou de tous deux, ils pourront, sur la proposition d'un représentant du peuple, et sur la décision conforme de l'Assemblée nationale, être renvoyés devant un tribunal spécial de haute-justice, composé ainsi qu'il sera dit ci-après.

Art. 23. De tous les fonctionnaires de la République, les deux consuls ne pourront pas seuls être réélus deux fois de suite dans leurs fonctions.

De l'Ordre administratif.

Art. 24. Il sera établi un Conseil d'État, chargé spécialement de préparer les projets de lois qui seront destinés à être soumis à l'Assemblée nationale, ainsi que les arrêtés des consuls.

Les autres attributions de ce conseil seront réglées par une loi.

Art. 25. Ses membres seront élus, de six en six ans, par le peuple, en nombre pareil à celui des départements français.

Art. 26. Le conseil d'État réuni au tribunal de cassation formera le tribunal de haute-justice, qui, dans le cas prévu par l'art. 18 ci-dessus, sera chargé de juger les consuls.

Art. 27. Chaque département français sera administré par un préfet, et chaque arrondissement par un sous-préfet particulier.

Art. 28. Il y aura dans chaque département et dans ses divers arrondissements un conseil général, et divers conseils d'arrondissement, nommés, tous les trois ans, par le peuple, et chargés spécialement de la répartition des impôts, soit en argent, soit en prestations, affectés aux besoins de l'État.

Ces deux conseils pourront en outre vo'er tels autres impôts ou prestations qu'ils jugeront convenables dans l'intérêt du département ou de l'arrondissement en particulier, sauf approbation de la part du premier consul.

Enfin, ils pourront émettre des vœux sur les améliorations à introduire dans les diverses parties de la législation française.

Art. 29. Il y aura dans chaque canton un maire, et dans chaque commune un ou plusieurs adjoints au maire, ainsi qu'un conseil cantonnal et divers conseils municipaux, nommés pareillement, tous les trois ans, par le peuple, sauf que dans les villes de trente mille âmes et au-dessus, le maire et les adjoints des communes de ces villes, toujours choisis dans le conseil municipal, seront nommés par le premier consul.

Les conseils cantonnaux et municipaux pourront voter à leur tour tels impôts ou telles prestations qu'ils jugeront convenables dans l'intérêt du canton ou de la commune en particulier, sauf approbation du préfet.

Ils pourront aussi émettre à leur tour des vœux sur les améliorations à introduire dans les diverses parties de la législation française.

Art. 30. Chaque département, et au besoin les arrondissements dont la population s'élèvera au-dessus de cent mille âmes, établiront à leurs frais, et en cas d'insuffisance, aux frais de l'État, un ou plusieurs chantiers ou ateliers dits nationaux pour les ouvriers sans travail, une ou plusieurs maisons-modèles d'apprentissage pour les adultes, un ou plusieurs hospices pour les enfants trouvés et pour les aliénés, et un ou plusieurs bureaux de bienfaisance pour les vieillards et pour les infirmes.

Art. 31. Chaque canton, et au besoin chaque commune, dont la population s'élèvera au-dessus de quatre mille âmes, nommeront, par voie d'élection, tous les six ans, un médecin des pauvres, qui, aux frais desdits cantons et desdites communes, et en cas d'insuffisance, aux frais de l'État, leur donnera des soins, pendant leurs maladies, et leur fournira même tous médicaments.

Art. 32. Chaque commune enfin, quelle que soit sa population, sera pourvue, à ses frais exclusivement, d'un ou plusieurs instituteurs.

Art. 33. Tous les systèmes d'impôts perçus par l'État et par les communes seront soumis à une révision, soit pour leur assiette, soit pour leur répartition, soit pour leur payement en argent ou en prestations.

Art. 34. Les octrois ne seront établis que dans l'intérêt exclusif des communes, et n'atteindront, autant que possible, aucune des matières servant à alimenter les citoyens.

De l'Ordre judiciaire.

Art. 35. Un tribunal de cassation sera spécialement chargé de maintenir l'uniformité de jurisprudence dans tous les tribunaux de la République.

Art. 36. Les membres de ce tribunal seront, comme ceux du conseil d'État, élus, tous les six ans, par le peuple, en nombre aussi pareil à celui des départements français.

Art. 37. Des tribunaux d'appel seront répartis, avec une égalité convenable de circonscription, dans plusieurs des grands centres de population de la France.

Art. 38. Des tribunaux de première instance sont maintenus dans chacun des chefs-lieux de département et d'arrondissement.

Art. 39. Les membres de tous ces divers tribunaux, soit d'appel, soit de première instance, soumis aussi à l'élection populaire, seront renouvelés, par moitié, tous les trois ans.

Art. 40. Outre le procureur de la République, qui sera désigné par le premier consul, il sera établi dans chaque chef-lieu, ainsi qu'auprès des tribunaux d'appel et du tribunal de cassation, un avocat des pauvres, chargé de poursuivre d'une manière entièrement gratuite leurs causes.

Cet avocat, avec le double titre de licencié en droit et de citoyen français, sera nommé, tous les six ans, par le peuple.

Art. 41. L'institution des tribunaux de commerce est maintenue.

Un simple agréé, même non licencié en droit, nommé de six en six ans encore, par le peuple, remplira les fonctions d'avocat des pauvres près de ces tribunaux.

Art. 42. Il y aura dans chaque canton un juge de paix, et dans chaque commune un substitut de ce juge, chacun toujours nommé de six en six ans pareillement par le peuple, et sans autre condition que celle de citoyen français.

Art. 43. Quant à ces deux juridictions, dont les limites seront fixées par les lois spéciales, la justice devra être gratuite pour tous les citoyens sans exception.

Art. 44. L'institution du jury, déjà existante pour le jugement des crimes, devra être encore étendue aux jugements de tous les délits.

Art. 45. L'institution des prud'hommes, déjà aussi existante, recevra de plus amples attributions pour le jugement des difficultés survenues entre les patrons et les ouvriers.

Art. 46. Les conseil'ers municipaux, pères de famille, jugeront seuls à l'avenir, à huis clos, toutes contraventions, tous délits et tous crimes, commis par des enfants âgés de moins de seize ans, appartenant à leurs communes respectives.

Ces conseillers pourront même, par une loi spéciale, être constitués pour certains procès civils, tels que demandes d'aliments, fixation de bornages, dépouillement d'usufruit, séparation de biens, etc., en tribunaux de conciliation.

Art. 47. A l'avenir, les offices de notaires, avoués et autres semblables, ne pourront plus être vendus, sauf, en cas de démission ou de décès, une indemnité payée par l'État aux titulaires de ces offices ou à leurs héritiers.

Art. 48. Les tarifs de justice et les enregistrements d'actes seront soumis à une réduction graduelle jusqu'à leur complète suppression.

De l'Ordre militaire.

Art. 49. L'armée se divise en troupes de terre et en troupes de mer.

Art. 50. Tout Français, hors le cas d'exemption pour infirmité personnelle, devra passer sous les drapeaux, dans les troupes de terre, depuis dix-neuf ans jusqu'à vingt-deux ans accomplis.

Art. 51. Les troupes de mer se recruteront par enrôlements volontaires; en cas d'insuffisance, par le tirage au sort de tous les jeunes Français ayant atteint dix-huit ans accomplis.

Art. 52. Le service maritime durera neuf ans pour le cas d'enrôlement volontaire, et six ans seulement pour le cas de tirage au sort.

Art. 53. A l'expiration des trois ans de service pour les troupes de terre, et de six ou neuf ans de service, selon les cas, pour les troupes de mer, les soldats et marins formeront, chacun une réserve, sous le nom de garde nationale mobile, jusqu'à quarante ans accomplis.

Art. 54. Ce terme atteint, ils entreront dans la garde nationale sédentaire, et en feront partie jusqu'à soixante ans accomplis.

Art. 55. En temps de paix, une partie de l'armée pourra être employée à de grands travaux d'utilité publique, mais néanmoins sur la demande spéciale des soldats ou des marins.

Art. 56. Les conseils de guerre et les tribunaux maritimes sont maintenus , sauf modifications ultérieures , en harmonie avec la présente constitution.

Des Censeurs publics.

Art. 57. Il sera établi dans chaque chef-lieu d'arrendissement un censeur public, nommé tous les six ans par le peuple et chargé de veiller spécialement sur les mœurs de tous les citoyens, sans distinction.

Art. 58. Ce censeur distribuera chaque année des récompenses particulièrement honorifiques, 1º aux lettrés, 2º aux ouvriers, 3º aux laboureurs.

Ces récompenses, pour tous ordres de citoyens, devront s'appliquer de préférence à la vertu et au travail plutôt qu'à l'habileté et aux talents.

Art. 59. Tout citoyen de mauvaises mœurs pourra être interdit par le censeur, et sans aucun appel, de l'exercice de tous droits civiques, pour un temps qui ne devra pas excéder six ans.

En cas de récidive, l'interdiction pourra être prononcée à perpétuité.

De certaines Interdictions.

Art. 60. L'exercice de tous droits civiques est de plein droit interdit 1º aux mineurs, 2º aux serviteurs à gages, 3º aux faillis non réhabilités, 4º aux détenus correctionnels.

De certains Droits.

Art. 61. Tous les Français sont admissibles, sans condition de fortune, à tous les lycées et facultés, comme à tous les emplois civils et militaires de la République.

Art. 62. Ils ont le droit de présenter des pétitions à l'Assemblée nationale, de publier leurs opinions par la voie de la presse, de faire élever leurs enfants par des maîtres à leur choix, de former toutes sortes d'associations industrielles, et de se réunir en assemblées politiques, le tout en se conformant aux lois.

De certaines peines.

Art. 63. La peine de mort est abolie en matière politique.

Art. 64. La réclusion cellulaire sera substituée, dans le plus bref délai, aux travaux forcés à perpétuité et à temps.

Art. 65. Dans l'intérêt des enfants âgés de moins de seize ans, condamnés par les tribunaux municipaux à un emprisonnement d'une ou de plusieurs années, il sera créé des instituts pénitentiaires dans les villes, et particulièrement à la campagne, où ils seront retenus jusqu'à l'expiration de leur peine, et où des maîtres leur enseigneront un métier à leur convenance, aux dépens de la République.

De l'état de siége.

Art. 66. L'état de siége sera défini par une loi.

Art. 67. Une ville ou commune ne pourra jamais, en temps de paix, être mise en état de siége que sur un décret formel de l'Assemblée nationale, qui, un mois au plus tard après la fin des troubles, devra convoquer le peuple, afin de se soumettre, pour la ratification d'un tel décret, à une réélection.

Art 68. L'état de siége ne pourra conférer une dictature absolue, mais signifiera seulement que tous les pouvoirs civils se trouveront concentrés, dans un tel cas, entre les mains du pouvoir militaire.

Du régime des colonies.

Art. 69. L'esclavage est aboli dans toutes les colonies françaises.

Art. 70. Pendant certaines périodes de temps proportionnées à leur état respectif de civilisation, ces colonies seront régies par une loi spéciale.

Des divers cultes.

Art. 71. Les ministres de chaque culte seront, à l'avenir, salariés par les fidèles, sauf divers secours accordés par l'État.

Art. 72. Les évêques du culte catholique continueront en France à recevoir leur investiture civile de la part du premier consul.

De la Légion-d'Honneur.

Art. 73. La Légion-d'Honneur est maintenue.

Art. 74. Les promotions à cette légion se feront, pour les citoyens non militaires, par le premier consul seul, sur la présentation des censeurs publics, et pour les citoyens militaires, par les deux consuls réunis, sur la présentation des divers chefs de troupes de terre et de mer.

Disposition générale.

Art. 75. Les lois, arrêtés, jugements porteront pour unique formule exécutoire : *Au nom du peuple français.*

Disposition transitoire.

Art. 76. Jusqu'à l'organisation des nouve les administrations, des nouveaux tribunaux et de la nouvelle force armée de la nation, toutes lois et ordonnances dont les dispositions ne seront pas en opposition formelle avec la présente constitution, continueront à être exécutées dans toute l'étendue de la République.

IMPRIMERIE CENTRALE DE NAPOLÉON CHAIX, RUE BERGÈRE, 8.

69

Droits de l'Homme.

—

Une Assemblée.

—

Deux Consuls.

—

IMPRIMERIE CENTRALE DE NAPOLÉON CHAIX ET Cⁱᵉ, RUE BERGÈRE, 8.

www.ingramcontent.com/pod-product-compliance
Ingram Content Group UK Ltd.
Pitfield, Milton Keynes, MK11 3LW, UK
UKHW022353120726
13694UKWH00005B/1848